novum  pro

AF191502

Berkics Balázs

TANULÓK A VENDÉGLÁTÁSBAN

novum pro

Ez a **könyv**
e-könyvként
is elérhető

w w w . n o v u m p u b l i s h i n g . h u

© 2023 novum publishing

ISBN 978-3-99131-799-9
Borítóképek: Berkics Balázs; Guido Vrola,
Sergeypykhonin | Dreamstime.com
Borító, tördelés & nyomda:
novum publishing
Illusztrációk: Berkics Balázs

www.novumpublishing.hu

Climate neutral
Print product
ClimatePartner.com/16547-2201-1002

TARTALOM

SZIASZTOK SZAKÁCS TANULÓK VAGY LEENDŐ TANULÓK!

Nagy kérdés lehet, hogy 24 évesen miért írok könyvet. Főleg az, hogy tényleg olyan ír erről, aki csak pár évvel idősebb azoknál, akiknek szánja ezt a könyvet. Erre egy nagyon egyszerű válasz lenne a magyarázatom. Ha a te korodban én találtam volna egy ilyen könyvet, ami arról szól, milyen tanulónak lenni a vendéglátásban és mit, hogyan könnyebb teljesíteni, megtanulni, megfelelni magadnak, mindig magabiztosnak maradni, akkor lehet egy csomó dolgon könnyebben túltettem volna magam és lehet még hamarabb magabiztosabbá váltam volna, mert tudtam volna kikre és mikre érdemes odafigyelni ebben a csodálatos, de egyben nehéz élethelyzetben.

I. A LEGTÖBB FIATAL MIÉRT A VENDÉGLÁTÁST VÁLASZTJA?

A legtöbb fiatal, akikkel beszéltem, velem mentek ezeken végig, ugyanezt választották általános iskola után. A legtöbbször azt mondják, hogy a tv-ben olyan könnyűnek tűnik és látványosnak és biztos sok pénzt lehet ezekkel a szakmákkal keresni. Itt megjegyezném, hogy a látványossággal nem is tévednek, de a többi még a médiába bekerült személyeknek sem könnyű élet. Valószínűleg ezért is alakulhatott ki az iskolákban, hogy az iskolákban történő szakmai gyakorlatok mellett, külsős éttermi, szállodai gyakorlati helyet kell keresniük a tanulóknak vagy az iskola biztosít nekik megfelelő gyakorlati helyet, ahol a fiatalok igazán rájöhetnének arra, eldönthetik, hogy mennyire is olyan ez a szakma, mint amilyennek elsőre gondolják.

Többféle okból is lehettek vendéglátós tanulók és végül akár szakmabeliek.

Gyakori, hogy valaki azért választja ezt a tanulmányai során, mert a családban van már, aki ezt a varázslatos szakmát gazdagítja vagy éppen a családnak van valami más köze is a vendéglátáshoz, mint pl.: étterem tulajdonos, szálloda tulajdonos, fagyizójuk van vagy akár kávézójuk, cukrászdájuk.

Lehet valakinek éppen a tv-ben látottak miatt esik erre a választásuk, bár ők kicsit mást láthatnak a tv-ben, mint amivel ez az egész valójában jár.

Vannak azok a fiatalok, akik szeretnek otthon sütni, főzni, segíteni a házimunkában és egyszerűen a hobbijukká válik ez az egész. Ilyenkor szokott jönni az a gondolat, hogy milyen jó lenne abból élni, amit szeretek, imádom csinálni és olyan sok boldogsággal jár.

Sajnos itt is rosszul sülhet el a választás, mert rendes állásban nem biztos, hogy ezt ugyanolyan kikapcsolódásnak fogod megélni, mint otthon a nyugodt kis családi konyhában, ahol nem csipog folyamatosan a blokkgép, nincsenek kollégák, akikkel össze kell dolgozni, hogy minden rendelés pontosan, időben kimenjen a vendég elé. Ami meg tényleg zavaró lehet, azaz állandó stressz, amit igazából bármi kiválthat ebben a felfokozott állapotban.

A végére hagytam azokat a fiatalokat, akik remélhetőleg nem fogják ezt a pályát választani, mert azzal se a szakmának, se a leendő kollégáinak, se maguknak nem okoznak majd boldogságot és főleg nem segítséget. Ők azok, akik csak azért kezdik el tanulni a vendéglátást, mert könnyen be lehet kerülni az ilyen suliba, könnyű munkának tartják az e féle munkát, azt hiszik, itt úgyis mindent el lehet sunnyogni és semmi munkával, könnyen olyan ételeket tudnak az asztalra varázsolni, mint a médiában látható nagy séfek, akik a konyhafőnök pozíciójáig akkora utat járnak be, amit egy tanuló el sem tud képzelni 8. osztályosként, amikor a továbbtanulásról dönt vagy a szülei hajszolják bele ebbe.

II. MIÉRT SZERETHETSZ BELE A VENDÉGLÁTÁSBA?

Sok fiatal azt mondja azért szeretett bele a szakács szakmába, mert látványos. Ezt a látványos megfogalmazást két részre is bontanám.

Az egyik része a **látványkonyhákról** szól, ahol az ételek, alapanyagok feldolgozása, előkészítése kb. 60%-ban történik. Igen a vendégek ott is csak ennyit látnak a végeredményig vezető útból, vagy még ennyit sem.

Miért is jó tanulónak lenni egy látványkonyhán? Amit kiemelnék az az, hogy ott tényleg rákényszerül minden szakács tanonc, hogy megtanuljon szépen, tisztán, igényesen dolgozni.

Minden munkafolyamatnak akkor van vége, ha körülötted tisztaság és rend van. Ha ez megvan, akkor utána jöhet a következő feladat.

Ennél fontos megemlíteni, hogy olyan sosincs és sosem magyarázat az, hogy „nincs vagy nem volt rá idő". Még rendelések között sem.

Gondolj bele, ha úgy tanulsz meg magabiztosan dolgozni, hogy közben a fizető vendégek szigorú, kíváncsi, érdeklődő tekintete szegeződik rád, akkor milyen magabiztosan fogsz dolgozni akkor, amikor csak te és a kollégáid követik nyomon az elkészülő ételek, nyers alapanyagokból való elkészülését.

Sok olyan alapanyag van, amikkel nehéz tisztán dolgozni, de egy kis odafigyeléssel ezen is lehet könnyíteni.

Ilyenek pl.:

- **cékla:** a lila színével, levével mindent összefog, ha olyan lesz a ruhád abból nem lehet kimosni.
- **ponty:** a ponty szétbontása nagyon sok pikkellyel és vérrel jár. Minden mozdulat után törléssel jár, szóval érdemes kéztörlőt a közelben tartani.

Ha ezeken a helyeken odafigyelésed és minden energiádat belefekteted, akkor egy ilyen helyen eltöltött tanuló éveidből a jövőben nagyon könnyen hasznot és ezzel együtt jó munkalehetőségeket nyerhetsz.

A másik látványos része pedig **az ételek**. Amit le kell szögezni, hogy nem minden konyhán fogsz olyan gyönyörű ételeket látni, mint az interneten. Ahhoz, hogy arra a szintre eljuss, elsőként azt kell eldönteni, hogy ki tudsz-e tartani az odavezető úton. A másik, ami fontos, hogy tanulóként ne hidd, hogy az első nap rendeléseket fogsz csinálni. Vannak helyek, ahol az első nagy látványos dolog, amit csinálsz, az az egész napos zöldség pucolás vagy takarítás. Hisz hogy is várhatod el tanulóként, hogy ennél komolyabb feladatokkal bízzanak meg, mikor minden cég és ember fél a pazarlástól az alapanyagok kárba menetelétől.

Ezt egy nagyon egyszerű dologgal el is tudom magyarázni, ami tuti érthető mindenki számára. Azt mondják neked, hogy vágj fel egy sárgarépát julienne-re. Na ugye, te meg nézel, hogy ez meg mit is akarhat, mikor igazából annyit mondott konyhanyelven, hogy gyufaszál méretűre szeleteld.

Az ilyen dolgoknál szembesülhetsz azzal, hogy attól, hogy otthon meg tudsz csinálni egy egyszerű rántottát, attól nem nagyon leszel te a világok séfe.

Ilyenkor van, aki a csillogást és a látványt, amit a jövő biztosíthat elveszíti a szeme elől.

Viszont, aki okos az ilyenkor azt tartja szem előtt, hogy na akkor nézzük csak meg mi is lehet az a „julienne" szeletelési mód. Na és igen ez az a hozzáállás, ami megkülönbözteti azt, aki a csillogás és a látványos ételek világába fog kerülni és azt, aki majd lehet 30 évnyi munka után is csak les mikor kimondják a „julienne" szót.

És minden egyes új, számodra ismeretlen dolognál mindig ez a hozzáállás fog a látvány és csillogás, akár a szakmai hírnév irányába előrébb és előrébb juttatni.

III. HOZZÁVALÓK: ÉRZÉK, KITARTÁS, SZORGALOM

Nagyon sok fog azon múlni, hogy mennyi érzéked van ehhez a szakmához.
Itt az érzékeknél több irányból is megközelíteném a témát.
Kell érzék az ízekhez, a látványhoz, az illatokhoz, az emberekhez, a stressz elviseléséhez és a kreativitáshoz is kell érzék.

Az **ízekre** szerintem nem is kell kitérnem, hogy miért, hisz a szakács szakma az ízek csodálatos, érdekes, kreatív világára épül.

De, ami nagyon fontos, hogy a kevésbé érzed az ízeket, sokszor bizonytalan vagy az ízekkel kapcsolatban, akkor ezt könnyen tudod fejleszteni sok kóstolással és a fűszerek bátrabb használatával.

Szóval, ha az utóbbi lennél, akkor ne ess kétségbe, mert ez nem egy olyan dolog, amin nem tudnál változtatni.

Vannak, akik az ízekkel nagyon jól bánnak, de már a látvánnyal bajban vannak.

Vannak, akik nem tudnak tisztán, látványosan dolgozni, de ezeken is könnyen lehet változtatni és fejleszteni. A látványhoz tartozik a tálalás. Nyugi, a legnagyobb séfek se úgy kezdték, hogy hipp-hopp egyik pillanatról a másikra csillagokat levarázsoló ételeket, még annál is több csillagot levarázsoló módon tálaltak ki.

Nyilván vannak, akiknek ez is vagy könnyebben vagy nehezebben megy.

Ennél azt tudnám tanácsolni, hogy akár erről a tálalási témáról könyveket olvass vagy keress képeket, videókat, amik a témához kötődnek. Ne feledd, sokan vannak, akik profik, évekkel ezelőtt hasonlóan fejlesztették magukat, aztán látod hova jutottak el.

Az **illatokhoz** való érzék szerintem az egyik legfontosabb. Hisz képzeld el azt a pillanatot, mikor vasárnap az ajtón belépve megcsap a rántott hús illata. Elképzelted? Na a vendég is mindig hamarabb fogja az illatokat érezni, mint meglátni magát az ételt. Amikor a felszolgáló kiviszi az ételt a vendéghez, akkor a legtöbb vendég mit fog tenni? Igen, meg fogja szagolni az ételt és már az alapján kreálni fog egy véleményt, ami alapján már még nagyobb kedvvel fog nekilátni a fogásnak vagy a rosszabbik esetben már egy kisebb csalódás éri.

Az **emberekhez** való érzéked is egy nagyon fontos dolog, hisz a „a vendégek vannak érted és te meg értük".

Az a cél, hogy mindig mindegyik oldalon álló ember az étel elfogyasztása után és közben is jól érezze magát.

Naprakésznek kell lenned arra, hogy mi a trend az adott pillanatban a gasztronómiában, ezáltal tudod, hogy miket is szeretnek, vagy miket is szeretnének kipróbálni a vendégek.

A **stressz** ebben a szakmában minden pillanatban jelen lesz, szóval ezzel tisztában kell lenned, még mielőtt belevágnál ezen szakma kitanulásába.

Igazából minden kis apróságból akkora nagy dolgok lehetnek a stressz miatt.

Képzeld el, hogy a napi 12-14 órai munkád utolsó egy órájában, az egész napos folyamatos munka mellett már az is felidegesíthet, hogy ha valaki hangosan vesz levegőt.

Igen, ennyire stresszes ez a munka.

Egész napos figyelmet igényel a szakács szakma, ami nyilván sok energiát elvesz a testedtől. Ezáltal egyre fáradtabb leszel és tudjuk, ha valaki fáradt, akkor frusztrált lesz, amitől stresszes lesz és igen akkor még az nem is jött szóba, hogy a vendégek variálnak a rendeléseknél, ha sok rendelés van bent akkor kapkodni kell, hogy minden időben elkészüljön és minden ember, vendég boldogsággal teli élményekkel fogyassza el az ételt. Közbe nyilván nem csak a rendeléseket kell megcsinálnod, hanem a fogyó ételeket, alapanyagokat folyamatosan vissza is kell pótolnod.

Okozhat stresszt az a kolléga, aki nem veszi komolyan a munkát, ami neked pont lehet az életed lesz vagy már az is.

Stresszt okozhat az is, hogy rossz kedved van, de attól neked még ugyanazt a szintet kell hoznod, hisz azért, mert neked gondod, gondjaid vannak, attól a vendég ugyanannyit fizet és ugyanúgy finom és szép, gusztusos ételt szeretne fogyasztani.

A **kreativitásod** igazából már akár az első iskolai gyakorlaton kiderülhet.

Kreatív vagy, ha meglátod az alapanyagokat, amiket egy megadott étel elkészítéséhez kapsz, kaptok, de te azokból már egy teljesen más ételre gondolsz, amit te találtál ki, vagy csak tudod, hogy azokból az alapanyagokból lehetne egy teljesen tökéletes másik ételt is készíteni, akár egy olyat, aminek ugyanazok az alapanyagai, de a végén mégis teljesen mást étel lesz a végeredmény, mint ízre, mint külleme.

Kreatív az ételek elkészítése után is tudsz lenni, mikor megtervezed a szintén nagyon fontos pillanatot, a „tálalást".

Itt is már az első órán látszódhat, ki mennyire kreatívan tudja felépíteni a kész ételt egy tányérra.

Amit sosem szabad elfelejteni, hogy ahogy az illatnál is lehet már egy véleménye a vendégnek az ételről, ugyanúgy akkor is kialakulhat benne egy vélemény mikor meglátja azt az ételt, amit nagy bizalommal választott.

Erre van is egy kifejezés, amit szintén érdemes megjegyezni, ez pedig az, hogy „a vendég először a szemével eszik".

IV. MIT ADHAT NEKED A VENDÉGLÁTÁS?

Kezdem a **pontossággal**, hiszen pontosan kell megérkezni a munkakezdésre, pontosan kell tudnod a recepteket, kalkulációkat, ételek elkészítését, alapanyagok mennyiségének pontosságát. A rendeléseket időre pontosan kell tudnod elkészíteni, mert ha nagyon sok rendelés egyszerre jönne be a vendégtérből, akkor könnyen nagy káoszt okozhat egy kis pontatlanság is.

A második, amit ad, az a **fegyelmezettség**, ezt már az is tuti garantálja, hogy a konyhán minden balesetveszélyes lehet egy pillanat alatt. Tehát a konyha területén csak az tartózkodhat, aki a munkabeosztása alapján oda tartozik. Figyelmetlenségnek és hülyéskedésnek semmi helye nincs egy konyhán. Igazából, ha ezeket megérted és ezekkel egyet is értesz, akkor már jó úton jársz és lesz keresnivalód a konyhán, egyelőre tanulóként.

Képzeld el, hogy elmész egy gyakorlati helyre, mert szakács szakmát szeretnél tanulni és alapból semmit nem tudsz, főleg lehet még konyhát sem láttál.

Akik ott dolgoznak és te mész a munkahelyükre, ami nekik fontos és a munkájukon kívül még egyszerre több tanulóval kell foglalkozniuk, feladatokat megcsináltatniuk velük és természetesen közben tanítani, oktatni is ezeket a fiatalokat, közben még a viselkedésre is kéne figyelniük.

A következő az a **tisztelet** lenne. Hisz te semmit nem tettél még le az asztalra, legalàbbis a szakács szakmában még semmit, akik meg azért vannak ott, hogy téged oktassanak, tanítsanak számodra ebben a pár évben kb. ők is olyanok legyenek neked, mind a szüleid.

Tiszteld azt, hogy ők már bejárták azt a hosszú utat, amire te éppen csak kezdesz rálépni, vagy csak még gondolkozol azon, hogy egyáltalán rálépj-e.

Tiszteld a gépeket, eszközöket. Ezáltal a saját otthoni dolgaidat, értékeiket is jobban fogod értékelni.

A tiszteletbe azt a nagyon fontos alapvető dolgot is belefoglalnám, hogy a konyhán más eszközeihez, holmijaihoz senki nem nyúlhat, mert ez tiszteletlenség.

Fejben történő számolásra is taníthat, hisz van amikor nincs időd a rendelések között se mérleget, se számológépet használnod és mégis mindig ugyanolyan pontosnak kell lenned.

A végén már ránézésre tudni fogod minek kb. mennyi lehet a tömege. Vagy eszközzel is meg fogod tudni határozni pl. 1 evőkanál púposan az = 5 dkg súllyal.

Figyelmességre is tanít.

A munkád irányába is tanít a figyelmességre és a kollégáid, illetve a vendégek irányába is taníthat a figyelmességre.

Ha végzel a rád kinevezett feladattal, akkor sose sunnyognak, hogy ne kelljen csinálnia semmit. Legyél jó fej, figyelmes, kérdezd meg miben segíthetsz még, hisz egy konyhán olyan nincs, hogy nincsen mit csinálni.

Ha látod, hogy árut hoztak, segíts pakolni, hidd el az ilyen kis dolgokkal mindig lépsz egy-egy szintet a magad szemében és mások szemében is. Ha látják rajtad az akaraterőt, a tenni akarást, a segítőkészségét, akkor mindig egyre jobb és komolyabb, nehezebb feladatokat bíznak majd rád. Sőt lehet ott mernek majd hagyni, hogy önállóan dolgozhass és majd mindig csak a végeredményt kell bemutatnod.

Figyelmesség, udvariasság, ha valaki valami nehéz gépet vagy edényt hoz, cipel, akkor te elengeded vagy segítesz neki attól függően, hogy van-e szüksége segítségre a cipeléshez vagy elég neki, ha nem vagy útban és helyet, teret adsz neki.

Tanítja, fejleszti a **gyors és jó problémamegoldó képességet**.

Sokszor adódhat olyan helyzet, hogy valamit el kéne készíteni a lehető leghamarabb, de nincs hozzá valamilyen alapanyag vagy fűszer, ha sok ilyen helyzettel találkozol, akkor egy idő után kialakul benned egy jó és gyors problémamegoldó képesség.

Ez a képesség, tudás, tulajdonság a jövőben sokszor kimenthet a nehéz pillanatokból és ezáltal sikerekkel és dicséretekkel, jó emlékekkel gazdagodhatsz.

Különösen a szakács szakma olyan, ami megtaníthat a munkádban és a magánéletedben is **spórolni** az alapanyagokkal, hiszen minden alapanyag legkisebb és leghaszontalanabb részéből is lehet valamit készíteni. A zöldségek, húsok leesőiből nagyon finom, jó ízű alapleveket lehet készíteni, amik felhasználásával az ételeknek már is van egy ízes alapleve, ami finomabbá, ízesebbé teszi majd a végül elkészült ételeket.

Ezeknek az alapleveknek az elkészítését már jó, ha tanulókorod elejétől kezdve megpróbálod elsajátítani, ezek számtalan módon tovább ízesíthetőek, variálhatóak, így felhasználásuknak csak a képzeleted szabhat határokat.

Egy **második családot kapsz**, szerzel magadnak.
Hogy ezt hogyan is értem?
Nagyon egyszerű ezt megfogalmazni és elmagyarázni.
Ha a szakmában fogsz dolgozni, akkor többet leszel a munkában és a kollégáiddal, mint a családoddal.
Nagyon sok szabadnapod és szabadidőd sem lesz.
De a kollégáid tanuló korodban olyanok lesznek, mintha Anyukád, Apukád, Mamád vagy a Papád szerepét töltenék be, hiszen valamennyire ők is részt vesznek majd a nevelésedben, tanításodban és vigyáznak rád.

De nyugi egyben a legjobb barátaid is lehetnek, akikkel nagyon sok mindenen fogsz keresztül menni.
Segíteni fognak, ha te is úgy állsz hozzájuk.

Ahogy a családban, itt is a tisztelet, az udvariasság, a jó hangulat és a segítségnyújtás nagyon fontos lesz. És nem csak a ta-

nuló éveid során lesz így, hanem mindig egész szakmai pálya-
futásod alatt is.

És ne feledd, hogy eljöhet majd az az idő, amikor te leszel az,
akinek tanulói lesznek és te felelsz majd értük.

V. MILYEN FŰSZEREK HASZNÁLATÁT RÉSZESÍTSD ELŐNYBEN MÁR TANULÓ KOROD ELEJÉN IS!

Ezt muszáj nagy betűkkel leírnom, mert ez nagyon fontos.

A FRISS FŰSZERNÖVÉNYEK HASZNÁLATA

Sokkal jobb, több ízanyagot adnak az ételeknek.

Akár, ha már a kész ételekhez szeretnétek keverni, mint pl a tésztákhoz a friss bazsalikom leveleket, akkor az íz anyagok erősebb, intenzívebb elérése után még látványban is sokat fog dobni az ételeken.

Ha szerencséd van és olyan gyakorlati helyet találsz magadnak, akkor alapból csak friss fűszerekkel fogsz dolgozni és szerencsére sosem kell majd a szárított petrezselyem, oregano, bazsalikom stb. fűszeres dobozával találkoznod.

Húsok, zöldségek mellé 3 zöldfűszert próbálj ki

Rozmaring, **kakukkfű**, zsálya. Ha megtanulsz jól bánni ezzel a 3 fűszerrel, akkor mennyei ételek elkészítését fogod megtanulni.

A koriander kevésbé elterjedt, citrusos, enyhén pézsmás ízű fűszernövény, amit thai ételekhez vagy akár a chicken curryhez szoktak használni sok lime-mal. Az íze miatt nagyon megosztó az emberek körében, ezért érdemes megkérdezni a vendéget, hogy kedveli-e az olyan ételeket, amik tartalmazzák.

De különleges íze miatt, akik szeretik, azok már nagy mennyiségben használják.

Érdemes minél több fűszert már tanulóként megismerni, kipróbálni és minél több ételhez párosítani.

Néha a legfurábbnak tűnő dolgok sülhetnek el a legjobban, ezt érdemes megjegyezni.

VI. MIBŐL FOG ÁLLNI A TANULÓ KOROD ELEJE?

Első gyakorlati napodon biztosan úgy fogsz bemenni, hogy azt hiszed, majd kezdésnek nagy, izgalmas dolgokat bíznak majd rád, főleg, hogy már szépen munkaruhában kell megjelenned, mintha már kész végzett szakács lennél.

Közben egész nap pakolnod kell majd, takarítanod és a legtöbb dolgod csak nézheted.

Főleg, hogy az elején még egyáltalán a helyet és az ott dolgozó embereket kell megismerned.

Aztán szépen lassan rád bízzák a zöldségek pucolását, gondolj bele, már ez is jobb, mint a kezdetleges takarítás.

Szépen lassan a pucolási feladatokat követően már szeletelni is elkezdhetsz. Nyilván figyelni fognak, mert kezdetben ismerheted a karikára vágást és a szeletre vágást.

Utána, ahogy az iskolában és a gyakorlati helyeden is megtanulsz minél több szeletelési módot és jobban megtanulod használni a késed, annál több szeletelős, darabolós feladatot bíznak majd rád nyugodt szívvel.

Itt jöhet a kérdés, hogy a „késem"?

Igen, a késed. Fontos szabály a konyhákon, hogy mindenki a saját kését használja és arra vigyáz.

Ha megengedik, felajánlják, hogy valamelyik szakács odaadja a kését, amíg szeletelsz, akkor fogadd el, mert sokkal jobb minőségű és ami fontosabb, hogy élesebb és ezzel segíteni akarnak neked.

Amit ne felejts el, hogy ilyen szépen, lassan haladhatsz mindig egy kicsit előrébb és előrébb, de ha hibázol, elrontasz valamit, ami abban a helyzetben nagyon kellemetlen és megoldhatatlan ügyet von majd magával, akkor sokkal gyorsabban visszaeshetsz, mint ahogy fentebb jutottál.

És ilyenkor mindent kezdhetsz elölről és ugye senki sem szeret valamiért kétszer is megküzdeni, szóval mindig figyelj oda arra, amit csinálsz.

Itt fontosnak tartom megjegyezni azt, hogy az emberek a hibákra jobban felfigyelnek és jobban is emlékeznek, mint a jó dolgokra, amiket csinálsz.

Ezek a dolgok, mint a sok pakolás, sok zöldségpucolás, meg a sok hiba, amiket majd elkövetsz sose vegyék el a kedved, mert ha itt feladod és elmegy a kedved, akkor gondolj bele, hogy egész életed során találkozni fogsz ezekkel.

A legnagyobb **séfek**, akiket a médiában, tv-ben látsz, ők is pont így kezdték a tanuló korukat, mint ahogy te is is fogod.

Köztük és azok között, akik nem lettek ismertek az a különbség, nekik több volt a kitartásuk és az érdeklődésük a szakma iránt.

Ők is nagyon sok mindent elrontottak, túl főzték vagy odaégették az alapanyagokat, mint ahogy életük során mindenki, aki a konyha világában él.

VII. TANULÓKÉNT MIÉRT FELESLEGES DRÁGÁBB SZAKÁCSRUHÁKAT ÉS KÉSEKET VENNED MAGADNAK?

Kezdjük a **ruhákkal.**

Ahogy az előző fejezetben is említettem, az elején takarítással, zöldségpucolással fogod kezdeni, tehát felesleges lenne a több tízezer forintos ruhákat összekoszolni, elszakítani, olyan zsírfoltokkal vagy vegyszer foltokkal tönkretenni, amik sosem jönnének ki a ruhadarabokból.

Az iskolákban is szokott szakmai gyakorlat lenni, ezért az iskolák legtöbb esetben biztosítanak papucsot, szakácsnadrágot, szakácskabátot, hozzá gombokat és szakácssapkát is.

Ha vigyázol rájuk, akkor a külsős szakmai gyakorlati helyeden is hordhatod ezeket, csak mindig legyenek tiszták az iskolai gyakorlatra is.

Ezeket a ruhadarabokat általában a szakma elvégzése után is meg lehet tartani, mert benne van a könyvek ára mellett ezeknek a ruhadaraboknak is az ára.

Nem kell kétségbe esni, mert az egész felszerelésért kb. tízezer forintot kell fizetni.

Azért sem érdemes sokat költeni a ruhadarabokra, mert nem annak az árától fog függeni, hogy ki hogyan tud majd szeletelni, sütni, főzni, fűszerezni, rendeléseket elkészíteni és tálalni.

A ruhák után az **eszközökre** sem érdemes sokat költeni tanulóként.

Először is azért nem, mert általában az iskolák felszereltek és a gyakorlati helyeken minden van, ami kellhet egy szakácsnak, így azok is, amik egy szakács tanulónak szükségesek.

Tanulóként, amit érdemes beszerezni az **egy acél**, amivel **a késed** tudod majd élezni és egy nagyon olcsó szakácskés. Ezen a két dolgon kívül egyelőre minden felesleges.

Azért kell saját élező acélt és szakácskést beszerezned, mert amíg nem tanulod meg őket pontosan és jól használni, addig úgyis csak sérüléseket okozol majd rajtuk és akkor már inkább az olcsóbbakat tedd tönkre, mint a nagyon drágákat.

Emiatt is ne használd mások eszközeit. Ha van céges, akkor azt használhatod, hisz azok azért vannak, amennyiben biztosítanak a suliban eszközt, akkor az ottaniakat is bátran használd.

Késnek és élező acélnak tökéletesen megfelel egy Tesco-ban, Lidlben, Sparban vagy Ikeában vásárolt készlet is. Ott is több fajtájú, méretű és kinézetű található, mindenki megtalálja a hozzáillőt.

A többi eszköz, amiket a tv-ben, neten vagy szakácsoknál látsz, mint pl. halszálka csipesz, tálaló csipesz, több fajta és méretű kések, sárkány ezek **számodra még mind feleslegesek.**

Nem biztos, hogy tudod használni őket és ezek azért nem tartoznak az olcsó eszközök közé, amiket érdemes lenne úgy megvenni, hogy nem használod ki őket, ami már azért is biztos, mert sok eszköz drága alapanyagokhoz lettek kitalálva és az azokkal való munkát még úgysem fogják engedni egy kezdő tanulónak.

Amit viszont az élező acél mellé és a késed mellé érdemes beszerezni, az **egy késtok**, amiben biztonságban lesznek az eszközeid, amikor pont nem használod őket és a törvények miatt az iskolai és a gyakorlati helyi szakács gyakorlatokra is abban viheted magaddal ezeket az eszközöket, amik a nem megfelelő viselkedés és használat mellett életveszélyesekké is válhatnak.

VIII. DRÁGÁBB ÉS OLCSÓBB GÉPEK, KONYHA RÉSZEK, AMIKKEL TALÁLKOZHATSZ A KONYHÁKON

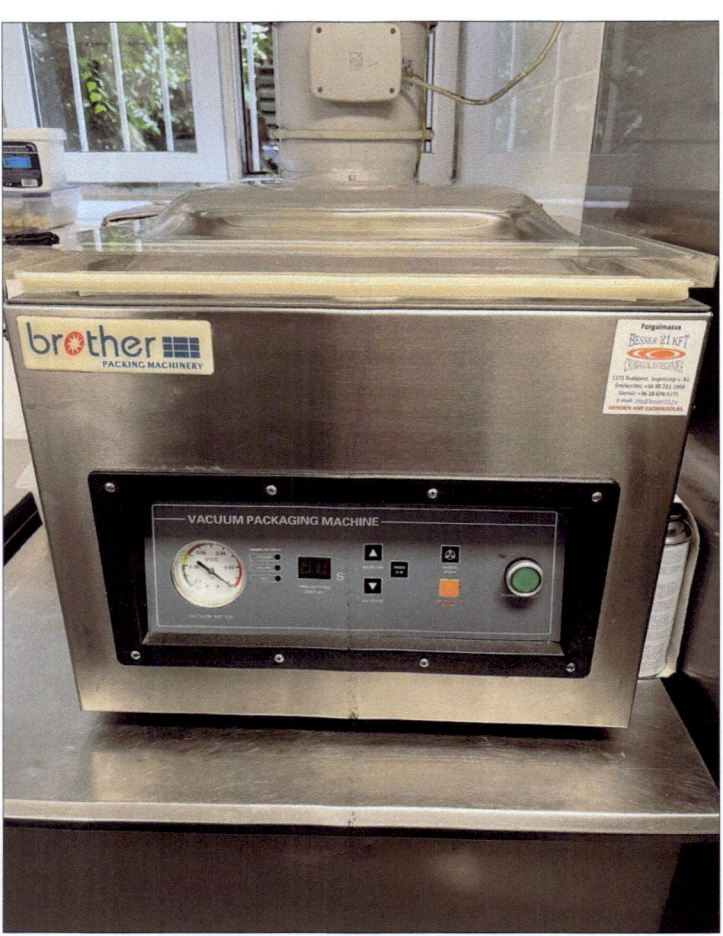

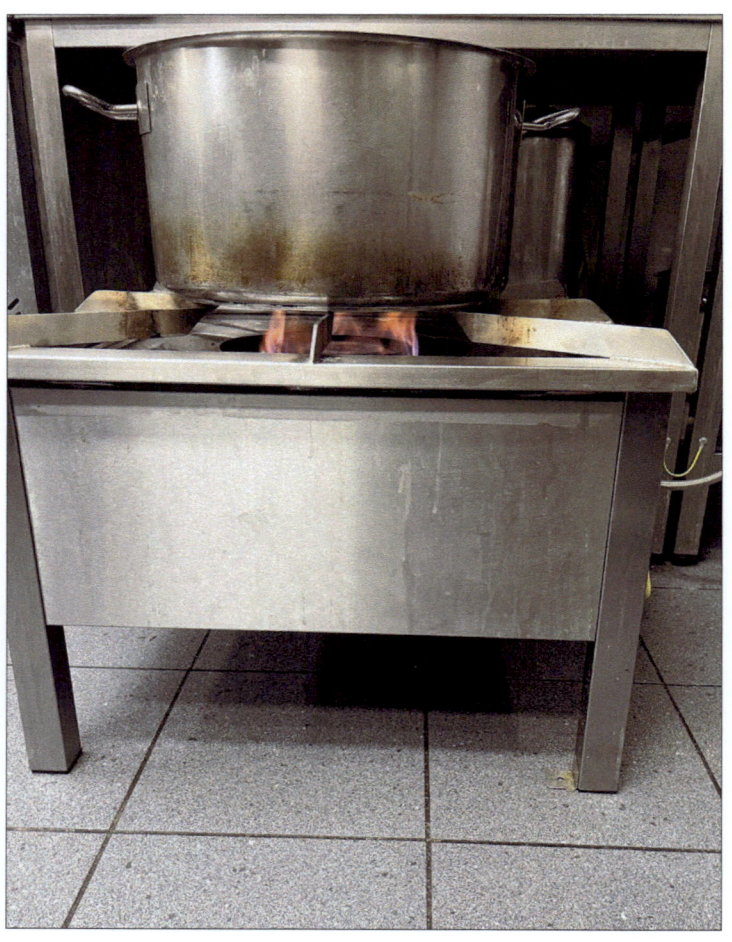

Rational sütő:

Ez a berendezés – azt hiszem – minden szakács álma. A gőzölés, párolás, abálás, sütés számtalan beállítási lehetősége mellett rengeteg előre eltárolt programmal rendelkezik, amellyel a haltól, a sült csülkön keresztül a zöldségekig minden elkészíthető.

A csempés fal közelében való helyezése nem egy jó ötlet, mert bizonyos üzemállapotokban gőzt ürít a konyha légterébe, ami lecsapódik a csempén és könnyen penészesedésnek indulhat a hátfal.

A hőmérsékletet fokonként is lehet rajta állítani, ami azért valljuk be, hogy elég menő és egyben nagy segítség is.

A gőzölés funkciónál és a süt-gőz funkciónál is a gőzt 0 %-tól 100 %-ig lehet állítani, ami szintén nagyon nagy segítség.

Mivel egy modern, nagyobb méretű sütőről van szó, így egyszerre több edény is befér a gép belterébe, így egyszerre nagyobb mennyiség készítése is lehetséges.

A sütőn kiválasztott üzemmód, hőfok, idő, akár gőz mennyiségének beállítása után a nagy tekerő gomb megnyomásával indul el beállított módon e remek, varázslatos, nagy segítséget nyújtó gép.

Hűtőkamrák:

Ne úgy képzeld el, mint az otthoni hűtőket vagy, mint a nagyobb üdítős hűtőket.

Van, hogy ezeket felosztják, hogy érthetőbb legyen pl.: zöldséges, készételes, tejtermékes, hidegkonyhás, húsos, személyzeti ételek részre.

Mélyhűtők:

Ezek –12 és –25 °C fok között üzemelnek általában.

Itt a félkész ételeket akár 1 hónapig is el lehet tárolni.

Vákuumozógép:

Kb. egy mikró méretű gép, de van, hogy a mérete egy régi dobozos tv-nek is megfelelhet.

Ebbe a gépbe egy vákuumzacskóba tett nyers, félkész vagy kész ételeket, alapanyagokat lehet belehelyezni, amit előbb levegővel felfúj, majd hirtelen kiszippantja belőle a levegőt és egyúttal le is hegeszti a zacskó végét.

Kitchen Aid:
Ez egy nagyobb robotgép, amiben akár krumplipürét és habos-krémes ételeket is lehet készíteni.

Általában a hátradönthető felső részének oldalán a sebesség állító része 1-10-ig állítható.

Menet közben sose nyúlj bele!

Gázzsámoly:
Ez nem akkora nagy ritkaság.

Sok helyen megtalálható, ahol nagyobb mennyiségekben főznek, mivel ezzel az építménnyel sokkal könnyebb főzni.

Ez egy nagyobb, erősebb gázégő és egy erős állvány kombinációja, amire egyszerre akár 100 liternyi leves is feltehető főni és gyorsabban elkészül, mint egy egyszerű kis gáztűzhelyen készülő 10 liter leves.

Thermomix:
Ez a gép egy innovatív készülék, a legkorszerűbb csúcstechnológiával kb. 10-12 konyhagép tudását kombinálja.

A legújabb technológiának köszönhetően a Thermomix a hagyományos étkezési kultúra és a digitális világ könnyedségének ötvözete.

- **turmixolás**
- **keverés**
- **emulgeálás**
- **őrlés, darálás**
- **aprítás**
- **kontrollált melegítés**

Ezzel a géppel könnyen készíthetők el a finom ételek friss hozzávalókból. A kíméletes párolás üzemmóddal való ételkészítés megtartja a zöldségek tápanyag- és vitamintartalmát. Ezzel a géppel a későbbiekben mindig egyre újabb és újabb változatos, kreatív recepteket tudsz majd elkészíteni korlátok nélkül, tehát szabadon engedheted a fantáziád.

A Thermomix talán a legsokoldalúbb konyhai készülék. Több, mint 12 funkció segítségével élheted ki a gasztronómiai kreativitásod.

IX. KONYHAI GONDOLKODÁS, ELŐRE GONDOLKODÁS

Nem egyes ételek teljes elkészítésében, hanem részfolyamatokban is gondolkodnak.

Mindig folyamatban van az aznapi és a következő napi ételportfolió, és ha van egy kis szabadidő, akkor az előkészületek a következő napokra.

Pl.: A hús felszeletelése és kiklopfolása után a hűtőbe kerül és majd egy következő fázisban, akár a következő napon lesz panírozva.

Majd ismét egy következő fázisban, már a fogyasztás előtt közvetlenül kisütve.

Az **alapanyagok, áruk berendelésénél** is előre kell gondolkodni, főleg, ha séf leszel, mert a legtöbb helyen csak ők csinálják ezt a részfolyamatot.

Az **egymást követő munkafolyamatokat** is folyamatosan meg kell tervezni, hogy mi miután készüljön el.

Külön kell gondolni az alapanyagokra és a belőlük készített ételekre is.

Külön kell gondolni a **zöldségek, húsok, szárazáru termékek rendelésére** és azok **felhasználására** is.

Minden konyhára kell egy vezető, aki a séf. Mindenki azt csinálja, amit ő mond. Ha esetleg ő nem tartózkodik a konyhán, akkor a helyettese, a séfhelyettes lép a szerepébe és az ő szava dönt minden felett. A csapat többi tagjának mindig figyelnie és hallgatnia kell ezekre a személyekre. Itt jön elő a tisztelet, amit már az első napon el kell sajátítanod.

X. HOGYAN ÉPÜL FEL A KONYHÁBAN LÉVŐ POZÍCIÓK SZERKEZETE:

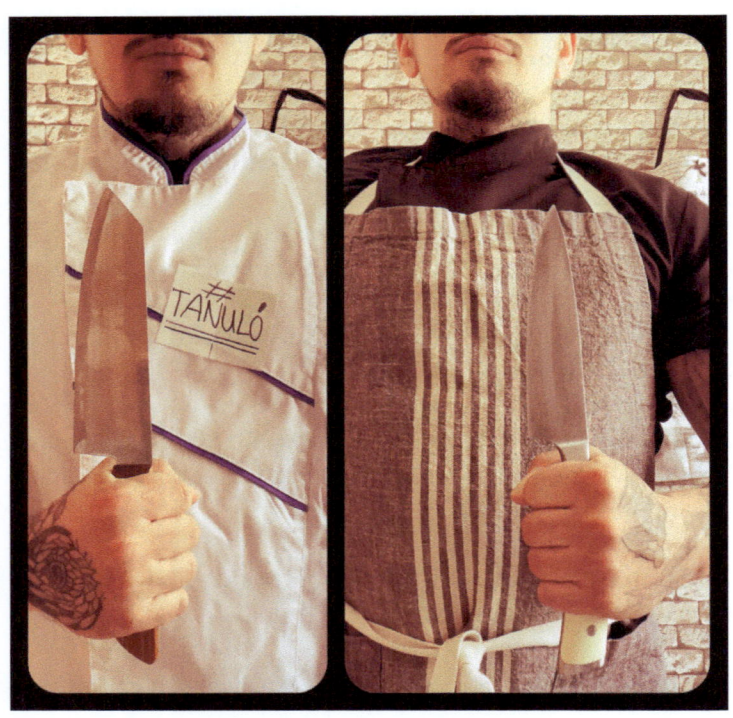

A konyhai személyzet a vendéglátóipari konyhákban munkafeladatot ellátó alkalmazottak.

Ezeknél a személyeknél konyhai hierarchia van.

A **ranglétra alján tanulók** és a **kisegítők** állnak. A csúcsán pedig a **konyhafőnök**, másnevén **a séf**.

Köztük a szakácsok találhatóak, akik a tudásuknak megfelelően vannak előrébb vagy hátrább a pozícióban, mert itt sokat számít a tudás közti eltérés.

A séf és a szakácsok között helyezkedik el a **séfhelyettes**, aki a séfet helyettesíti, ha nem tartózkodna a konyhán és egyben segíti is az ő sokoldalú munkáját.

Pozíciós szintek:

- **Konyha vezető (nagy szállodákban)**
- **Chef (ő a konyhafőnök)**
- **Souschef (ő a Chef helyettes)**
- **Executive Souschef (ő az elsőszámú helyettes)**
- **Junior Souschef (fiatal, kezdő kisfőnök)**
- **Chef de Partie (ő a csoportvezető egy adott konyhai részlegen)**
- **Demi Chef de Partie (ő a műszakvezető, felelős)**
- **Szakácsok**
- **Commis de Cuisine (ő a kezdő szakács)**
- **Tanulók**
- **Konyhai kisegítők**
- **Idénymunkások, gyakornokok**
- **Mosogatók**

Munkafelosztás területek szerint:

- **hidegkonyhai szakács**
- **desszertszakács**
- **fagylaltkészítő**
- **konyhai cukrász**
- **konyhai pék**
- **előétel készítő szakács**
- **köretkészítő szakács**
- **zöldségszakács**
- **zöldség szeletelő**
- **leves szakács**
- **tojás szakács**
- **fritőz szakács**
- **tésztafőző szakács**
- **szószkészítő**
- **sültkészítő**
- **rántott ételek előkészítője**
- **grillszakács**
- **halszakács**
- **étel dekoratőr**
- **diétás ételszakács**

Speciális területek:

- **éjszakai szakács** (nagyobb helyeken ő az, aki esti műszakban felfőzi a nagyobb adag ételeket, amiket a rendelések készítése közben nem lenne könnyű megoldani)
- **személyzeti szakács** (a személyzetnek főz, és oszt ebédet, vacsorát)

Kicsit jobban kifejtve a pozíciók szereplőinek munkakörét:

Executive Chef:
Ő nem dolgozik nap mint nap a konyhán. A menü és az étlap fejlesztését a főszakács vele beszéli meg, gyakorlatilag egy kon-

zultáns séf, aki tanácsokat, ötleteket ad a konyha és az étterem még jobbá tétele érdekében.

Head Chef (Főszakács):
Ő felelős az étlapért, az ételekért, a rendelésekért és a személyzetért. Röviden és tömören a konyháért és mindenért, ami ott történik.

Sous Chef (Főszakács helyettese):
Ha a főszakács nincs ott, akkor ő irányítja a konyha megfelelő működését.

Junior Sous Chef (fiatal főszakács helyettes):
Ő általában nagyobb helyeken szokott lenni, amolyan kisfőnök, aki mindenre is odafigyel.

Chef De Partie (csoportvezető egy adott részlegen):
Az a szakács, akinek van egy saját részlege, amit önállóan csinál és a működéséért teljes mértékben felelőséget vállal.

Általában a különböző csoportvezetők meg vannak különböztetve a részlegük alapján: húsos, zöldséges, előételes, halas stb.

A desszerteknél lévő pozíciók:

A desszertek a nagy éttermekben mindig külön vannak véve a konyha többi részétől, és ezt tudomásom szerint nem is sorolják a konyhához. Itt vagy cukrászok vagy külön olyan szakácsok dolgoznak, akik a cukrász szakmában jártasak.

Head Pastry Chef (desszert főszakács):
Míg a főszakács az egész konyháért vállal felelőséget, addig ő csak a desszertekért.

Szakmai körökben a híres desszert főszakácsok igen ismertek.

Általában nagy konyhákon, vagy olyan helyeken, ahol az ételek meglehetősen bonyolultak, ott lehet a két részt ennyire elkülöníteni.

Chef De Partie Pastry:
Az a cukrász, aki nap, mint nap a cukrász pályán dolgozik.

Konyhai alkalmazottak közé tartozik még:

- Mosogató: Az edényeket és tányérokat mosogatja és tisztán tartja a konyha területét.
- Sztázsoló: Az a szakács, aki ingyen dolgozik és megfigyel a konyhán, hogy tanulhasson.

Ugye milyen sokan vagyunk?

Nyugi nem minden konyhán kell megjegyezned ennyi pozíciót, mert vannak helyek, ahol összesen csak 2 szakács tölti be ezt a sok szerepet, pozíciót.

Azért meglepő, hogy ennyi emberből épül fel mondjuk egy nagy szálloda személyzete, és akkor még csak a konyháról és a cukrász részlegről esett szó.

XI. MILYEN LESZ AZ ISKOLAI GYAKORLAT? HOGYAN ZAJLANAK EZEK A GYAKORLATOK?

Biztos mindegyikőtöknek a fejében kialakult egy kép, hogy hogyan is történhetnek, zajlódhatnak ezek a gyakorlatok.

Először is lesz egy „Ételkészítés elmélet" órátok, amin a recepteket, ételeket fogjátok elméletben átvenni, lépésről lépésre.

Így amikor utána mentek a gyakorlati főzésre a suliban, akkor már nagyjából tisztában lesztek az aznapi tananyaggal.

Az iskolai gyakorlatra, ha minden jól megy, akkor az iskolának biztosítania kell a gyakorlati ruhátokat és hozzá egy munkavédelmi cipőt is.

Ebben az egyenruhában kell megjelennetek a gyakorlati órán, ami fontos, hogy semmi sem hiányozhat rólad.

Az egész osztály egy időben fog sütni, főzni.

Az, hogy egy tankonyhán vagy több tankonyhán lesztek, az az osztály és a csoportok létszámától fog függeni.

Lehet, hogy csoportokban, de az is lehet, hogy önállóan kell majd főznötök.

Nyilván mindenki önállóan, egyedül szeretne sütni, főzni, de csoportban azért jobb, mert mindenki motiválhatja a társait és meg tudjátok beszélni közösen, hogy szerintetek mi, hogy lenne a legjobb. Az ilyen csapatos munkák során már kicsit átérezhetitek azt, ami lehet az egész életetek is lesz, hogy hogyan kell csapatban dolgozni, összedolgozni, együtt ötletelni, aztán ezeket végrehajtani.

A tanár az aznapra megtervezett ételeket minden alkalommal be fogja hozni a tankonyhára hozzátok, az alapanyagokkal együtt.

A lapokon mindegyik étel megnevezése mellett a hozzájuk szükséges alapanyagok is fel lesznek sorolva, lehet még az alapanyagokból kellő súly mennyiség is szerepelni fog rajtuk.

Ezekből mindegyik csoport vagy egyén húzni fog egyet, úgy, hogy senki nem látja előre, mit is fog húzni.

Ha kihúzta mindenki a neki jutó ételt vagy több ételt, akkor el is lehet kezdeni tanakodni, hogyan is kéne ezeket elkészíteni. De nyilván az oktató tanáraitokkal át is beszélitek majd és ő segíteni is fog mindenkinek, hisz ezért van ott.

Már az első gyakorlaton ki fog derülni, hogy kinek menynyi érzéke van a szakmához, mennyi bátorsága és határozottsága van.

Ami meg nagyon fontos és az is ki fog derülni nagyon hamar, hogy ki hogyan tud dolgozni csapatban és hogyan tud alkalmazkodni másokhoz. Itt ne feledjétek, hogy aki nem tud csapatban dolgozni, az lehet akármennyire ügyes, se a tanárai, se az osztálytársai, se a gyakorlati helyén lévők nem fogják kedvelni.

Ha menet közben bármi kérdésetek lesz vagy kéritek a tanárt, hogy mutasson meg valamit, ő egyből segíteni fog. Ha elkészülnek az ételek, akkor mindenkinek ki kell majd tálalnia egyet a saját készítésű ételéből. Itt a tálalási és a látvány, szépségérzéke fog mindenkinek kiderülni.

Ha ezekkel mindenki megvan, akkor elsőnek a tanár mindenki ételét végigkostolja és mindegyiket értékeli és aztán a küllemre és az ízre is együttesen ad egy jegyet a gyakorlati órára. Ha viszont jó lett az ételed, szép és finom is, de a konyhán nem tudtál normálisan viselkedni vagy nagyon hanyag volt a megjelenésed, akkor a jegyet ezek mind leronthatják. Ezekre nagyon figyelj oda.

Ha ezzel végzett a tanár és a jegyek beírásra kerültek, akkor alkalmatok nyílik mindig az óra végén arra, hogy mindegyik fogást ti is végigkostoljátok és együtt megbeszéljétek, hogy mi lehetett volna jobb, finomabb és szebb.

Ezek a gyakorlati órák minden alkalommal kb. 3-4 órások lehetnek, hisz ezek mind hosszú folyamatok lesznek, de nagyon izgalmasak is egyben.

Ha szerencsétek van, akkor a gyakorlatok után haza is mehettek, ha nem akkor még utána lehet lesz elméleti órátok is, amire már hulla fáradtan, de mindig új és új élményekkel mehettek majd.

Ha ezt elolvassátok még az első gyakorlatok előtt, akkor szerintem ez nagyon nagy segítség lehet mindenki számára.

Én például nagyon örültem volna, ha ezeket mind előre tudom.

XII. NE LEGYÉL A SZALAGOSODÁS RÉSZE!

Hogy mit is érts a szalagosodás alatt?

Azt hívják **szalagosodásnak**, amikor ugyanazt csinálják, amit mindenki. Itt pl. az, hogy mindenhol kb. hasonló ételeket talál az étlapokon az ember, amik még kinézetre is ugyanazok és látszik, hogy nem sokat foglalkoztak az étlappal.

A **szalagosodás az is lehet**, ha egy helyen belül mindenki kb. ugyanúgy csinálja a dolgokat és semmi kitűnő nem történik azon a helyen.

Legyél olyan, aki nem akar ebbe a fogalomba tartozni.

Mindig próbálj új, izgalmas, különleges dolgokat kitalálni és megvalósítani.

Ezt teheted látványban, például hagyományos ételeket kicsit átalakítasz és máshogy is tálalod.

Teheted ízek, fűszerek, alapanyagok különleges kombinációjával is. Sok olyan alapanyagot, fűszereket próbálj összhangba hozni egymással, amikről nem is gondolnád, hogy illenének egymáshoz.

Sok rossz kombinációt fogsz létrehozni, de ha jót sikerül alkotni, akkor már sikerekben gazdagodsz és fejlődésben is.

A munkád lendületével és a lelkesedéseddel is újat, egy csavart vihetsz a konyhákra, amik megint a javadat fogják szolgálni és felfigyelnek majd rá, aztán szépen lassan meg is jegyeznek ezek miatt mindenhol és kapod majd az ingyen reklámot, mert tudják majd, hogy igen ő más, mert tud és akar gondolkodni, tesztelgetni, új dolgokat kitalálni, létrehozni.

Legyen a jelszavad a „Le a szalagosodással!"

Hidd el, nagyon megéri.

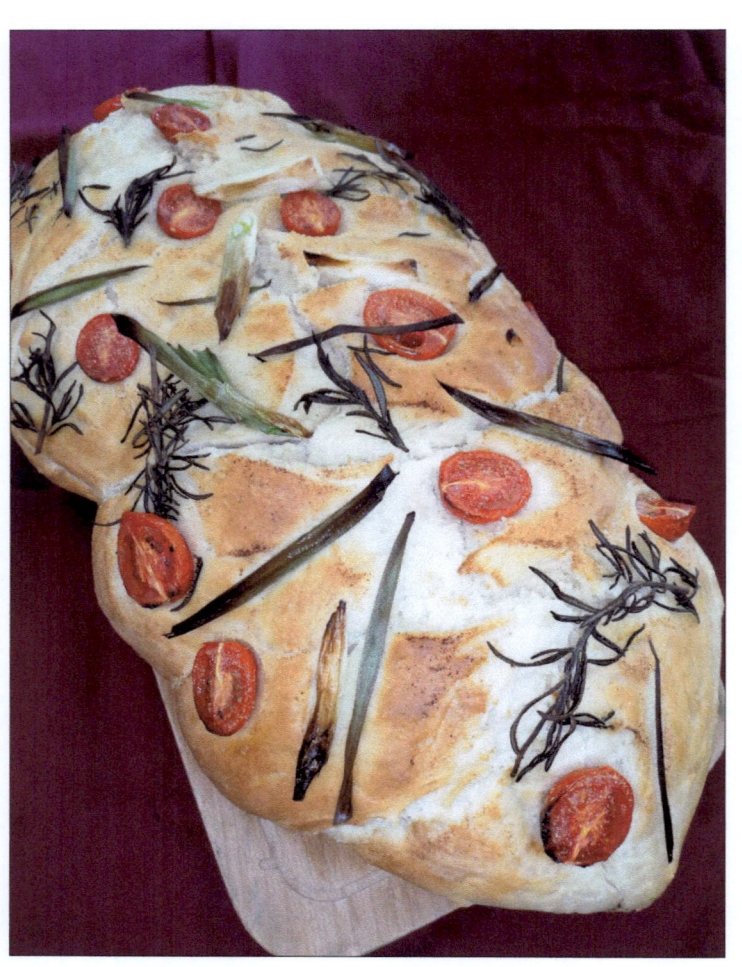

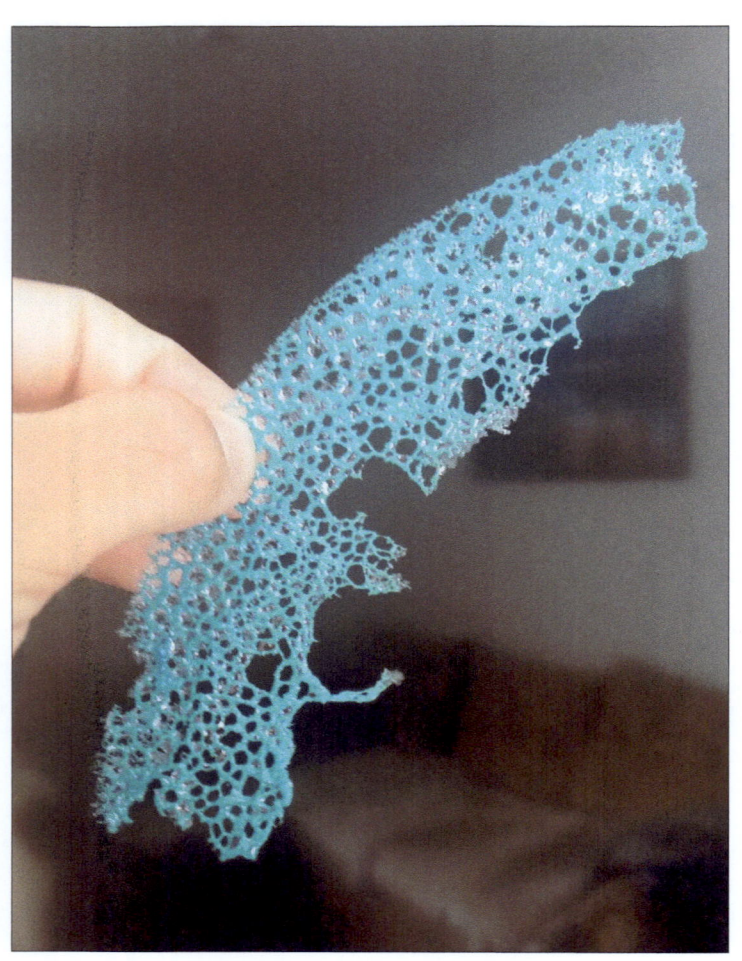

XIII. A KONYHÁN, MIT IS TUDSZ FOGYASZTANI, MI LEHET A SZEMÉLYZETI ÉTKEZÉS RENDJE

Nyilván 8-10-12-14 órákat nem lehet egész napos evés nélkülözése mellett ledolgozni és ezt egy munkáltató sem várhatja el.

Mondjuk vannak olyan helyek, ahol csak azoknak jár a személyzeti étkezés, akik 8 óránál többet dolgoznak, de nyugodjon meg mindenki, mert általában ők sem maradnak éhen, sőt.

A személyzeti étkezés minden azon a napon dolgozó embernek jár.

A jobb helyeken erre még külön 30 perc jár is és nyugodtan ülve tudja mindenki elfogyasztani felváltva az aznapi ebédet és akár később a vacsorát is.

Ez azonban csak nagyon, tényleg nagyon kevés helyen fordul elő, mert a legtöbb étteremben, szállodában a személyzet a személyzeti reggelit, ebédet, akár vacsorát munka közben, sietve kénytelen elfogyasztani, de még ez is jobb, mintha nem tudna enni.

Igen, vannak olyan helyek, ahol a személyzetnek, főleg hétvégente lehet nincs is ideje megenni azt a napi ételt, ami jár nekik és be is kéne vinniük a szervezetükbe, hisz, ha ezt nem teszik akkor nagyon könnyen fennáll a rosszullét eshetősége.

Vannak helyek, ahol nem is jár személyzeti étkezés, ott a dolgozók általában sunyiban, bujkálva próbálnak egész nap összevissza csipegetni valamit, de ez egy ilyen kemény fizikai munka mellett kb. kínzásnak felel meg.

Persze a tulajok, vezetők meg lehet egész nap a szenvedő, éhező dolgozók előtt esznek megállás nélkül.

Ha megszerzed a szakács szakmát, akkor a munkahely választásodnál ezeket is tartsd szem előtt, mert ezek tényleg nagyon fontos dolgok.

Ha nem hiszed, akkor próbáld ki, hogy 12 órán keresztül, étkezés nélkül szaladgálj.

Utána belátod majd, hogy igenis nagyon fontos ezt megemlíteni és ezekre oda is figyelni.

XIV. MI A VALÓS VÉLEMÉNYE A MÁR SZAKMÁIBAN DOLGOZÓ SZAKÁCSOKNAK?

EGY KIS UTÁNAJÁRÁSSAL ÉS A SAJÁT TAPASZTALATA- IMMAL, VÉLEMÉNYEIMMEL KIFEJTVE EZ LENNE.

Ha szakács vagy rosszabb esetben séf vagy, egy olyan pályán mozogsz és olyan időbeosztásban élsz, ami teljesen ellentmond annak, amiről az emberek azt gondolják, hogy normális. Tudom én, hogy ma már bármilyen területen is dolgozik az ember ezt ugyanúgy elmondhatja magáról, bankár, nővér, marketinges, kidobó, rendőr, és nagyjából mindenki, de úgy gondolom a mi területünk mégis kicsit speciális és más, mint a többi.

Kezdjük az elejétől, és gondolom mondanom sem kell, hogy általánosságban beszélek, tehát ettől merőben eltérő életpályák lehetnek!

Az ember tanuló lesz: Ahány iskola annyiféle oktatási rendszer és beosztás, 1-2-3-4 éves rendszerek, 1 napos vagy 1 hetes gyakorlati beosztásokkal. Amit mindenkinek tudnia kell, és szögezzük le, hogy így van: SEMMIT sem tanulsz az iskolában, ez egy gyakorlati szakma!

A gyakorlati munkahelyeden 1-2-3-4 évig a rendszertől függően, ha szerencséd van nem csak hűtőt pucolsz, felmosol, takarítasz, krumplit pucolsz stb. ... (habár ezek nagyon fontos feladatok, amiket meg kell tanulni), hanem üvöltözik veled általában konyhánként 3-6 ember! Idővel, ha van eszed, akkor megtanulod, hogy addig jó, amíg üvöltenek, mert addig érdekled is őket, ha nem üvöltenek, bajban vagy! És már itt elkezd kialakulni, egyfajta megfelelési kényszer benned a szakácsok és a séf iránt, valamint az iránt, hogy ennek a gépezetnek, csapatnak aktív tagja lehess!

Mikor végeztél az iskolával, ha szerencséd van, találtál munkahelyet, Budapesten végzett diákok előnyben, itt van munka, eddigre már némi kapcsolatrendszer is kialakulhatott, és talán felvesznek minimálbérért a gyakorlati helyedre, ha stréber voltál, versenyeken vettél részt, akkor jobb helyzetben vagy, mert többet kereshetsz és nagyobb lehet az arcod, amit egyébként egyből a következő munkahelyeden le fognak törni.

Nincs olyan jó szakács, aki 25 éves koráig 5-nél kevesebb helyen dolgozott volna! Sajnos tapasztalatot kell gyűjteni, fejlődni kell minden területen, ez a szakma nem csak a receptekből áll, hanem hatalmas fokú problémamegoldási készségből, munkaszervezésből, emberekkel való kommunikációból, marketingből, önszorgalomból, önfeláldozásból, kapcsolatokból is. Ha ezt az időszakot sikerült túlélni, tapasztalni, fejlődni, esetleg még egy kis külföld is becsúszott, akkor már akár kezdő szakácsnak nevezhetünk.

Gyerünk fiú ne add fel, most kezdődik az élet!

Ennyit a kezdetekről, ettől fogva csak még többet dolgozol egészen addig, amíg te nem kerülsz abba a pozícióba amikor már te üvöltesz, és ekkor végre akár egy tökéletes világban kicsit pihenhetnél is, de ekkorra már tudathasadásos egoista konyhafőnök vagy, akinek romokban van a magánélete, ha egyáltalán van neki olyan, úgyhogy még többet dolgozol.

Olyan embereknek dolgozol általában, akik néha tisztességes, de azért általában inkább tisztességtelen úton szert tettek annyi pénzre, hogy éttermet nyissanak, mindent jobban tudnak nálad. Vagy legalábbis ezt gondolják magukról. Az beosztottaidat mind mentálisan, mind fizikailag kihasználod, és kifacsarsz belőlük mindent.

Pár tény, amit jó tudni:

Betegség: nincs olyan, nem lehetsz beteg, mivel általában minimálbérre vagy bejelentve és órabérben dolgozol, nem engedheted meg magadnak, hogy beteg legyél! Egy szakács csak akkor nem dolgozik, ha nem tud bemenni, vagy nem tud járni! Ezt nyugodtan lehet komolyan venni.

Tüdőgyulladás: nem betegség!

Láz: ne nevettess!

Influenza: vicc kategória! Lábtörés: járógipsz és irány a rostlap mellé!

Munkaidő: egy átlag szakács egy átlag munkahelyen napi 12-14 órát dolgozik! Ez nem vicc! Ez nem gond: egy idő után hozzászoksz. A klasszikus szakácsbeosztás havi szinten 15 nap. De ez sosincs így! Jelenleg egy átlag működőképes melegkonyhás vendéglátóipari egységben, magyarán ahol van forgalom, havi 18-24 nap között ingadozik a beosztásod szezontól és forgalomtól függ.

Ünnepek-szabadság: Neked nincsenek ünnepek! Amikor más ünnepel, akkor te neki főzöl! Sok étterem karácsonykor is nyitva tart.

Szabadság: MI VAN??? TE NEM NYARALÁSZOL, HAVER TE MELÓZOL!

Fizikai állapot: Idővel mindened tönkremegy! A visszerekkel és az izületekkel kezdődik, aztán folytatódik a különböző lerakódott és felgyülemlett szövődményekkel, amit a lábon kihordott 5 tüdőgyulladásodból és minden másból szedtél össze!

Magánélet: Nagyon kevés hosszú távon működő kapcsolatot láttam ebben a szakmában, iszonyú kevesen tudják ezt elviselni, és – lássuk be – szinte lehetetlen kérünk! Minden vendéglátós feleségének, barátnőjének a legnagyobb tisztelet jár ki! Nem csak a munkaidőt, a távollétet kell elviselniük, hanem minket is. Idővel ez a munka átformál és megváltoztat, antiszociális leszel, lassan nem tudsz másról beszélni, csak a munkádról valamilyen formában, nem tudod elviselni, ha valaki beteg a környezetedben, mert az számodra NEM betegség, hirtelen vagy, a hangulatod folyton hullámzó, hajlamos vagy a depresszióra, nem tudsz aludni, mindig mindenben határozott vagy és ugyanakkor teljesen határozatlan.

És miért jó mégis szakácsnak lenni?
 Nincs a világon semmi ehhez fogható!
 A legeslegjobb munka a világon, teljesen addiktív, hihetetlen, kreatív, örömmel teli, folyamatosan átalakuló, folyamatosan megújuló, kegyetlenül gyönyörű szakma, amiért érdemes megbolondulni!

Ez a munka maga az élet, és ami rajta kívül van az nem az!

A szerző

Berkics Balázs Budapesten született és jelenleg is ott él.
Középiskolai tanulmányait vendéglátással kapcsolatban
folytatta, szakácsnak tanult. Jelenleg is ebben a
munkakörben dolgozik.
Szabadidejében imád kirándulni, és fontos számára a
megjelenése és egészsége, amiért a konditermekben
is sokat tesz.
Gyors problémamegoldó képessége és jó ötletei a
mindennapi munkáját is nagyban segítik.
Írói szárnypróbálgatásait szeretett szakmájával, a
szakács hivatással kapcsolatban bontakoztatja ki.

A kiadó

Aki feladja,
hogy jobbá váljon,
feladta,
hogy jobb legyen!

E mottó alapján a novum publishing kiadó célja az új kéziratok felkutatása, megjelentetése, és szerzőik hosszútávú segítése. Az 1997-ben alapított, többszörösen kitüntetett kiadó az egyik legjelentősebb, újdonsült szerzőkre specializálódott kiadónak számít többek között Ausztriában, Németországban és Svájcban.

Valamennyi új kézirat rövid időn belül egy ingyenes, kötelezettségek nélküli kiadói véleményezésen esik át.

További információkat a kiadóról és a könyvekről az alábbi oldalon talál:

w w w . n o v u m p u b l i s h i n g . h u